AF614417

Mary Bloom

Mary Bloom

Alondra Maldonado

A todos los que alguna
vez me han comprado
un libro, me han leído,
me han apoyado,
me han amado.

Aún no sé lo que les voy a contar, pero se parecerá bastante a mi realidad. Lo digo de esta manera porque estoy consciente de que los datos aburren y la emoción es lo que trasciende.

Holisssss, jaja que informal. Perdón, ¡hola! Si estás leyendo este libro es porque quieres saber quien soy. La pregunta es, ¿quien soy? Algunos dirán que esta respuesta es fácil, pero seamos honestos no lo es. ¿Para quién es fácil decir con certeza lo que es o quién es? De todos modos aquí iré a tirarme al vacío sin saber si realmente tengo alas.

Soy Alondra Marie Maldonado Torres y mi nombre de autora es Alondra Maldonado. ¿Porqué elegí tener mi primer nombre y mi primer apellido como autora? No lo sé, sentí que era "profesional", cabe destacar que nunca uso mis apellidos para nada (no me gustan), pero si sentí que para escribir lo necesitaba. Desde hace un tiempo en mi cabeza no soy Alondra Maldonado soy Mary Bloom, el Mary lo saqué de "Marie" mi segundo nombre y el Bloom de florecer porque creo que esa palabra me define. ¿Porque les hablo de Mary Bloom? Porque así se llama el libro y quería que supieran el porqué de ello.

Retomando por dónde iba, sentí que les debía algo, les debía un quien soy, un porqué y unos datos, aquí os dejo todo.

Mi nombre es Alondra, tengo 18 años, nací el 16 de julio de 2002 en Osceola, pero soy criada en la isla del encanto Puerto Rico, soy PONCEÑA. Soy hija de Lemuel y Joan, tengo 6 hermanos, 3 chicos y 3 chicas. Mi familia no es muy grande que digamos, se compone de un par de abuelos, un par de tíos, otro par de primos y un par de sobrinos, no más de eso.

Comencé a escribir desde muy pequeña, pero por cosas de la vida dejé de hacerlo. Desde muy pequeña he tenido ese gran deseo de aprender y esas ganas de hablar que siendo honesta no sé lo que es hacer silencio. De todos modos escribo desde que tengo memoria ya que siempre fue una buena manera de desahogarme, siempre escribía para mi misma. No me veía como una escritora profesional, ni buscaba serlo, yo era feliz escribiendo para mi. De hecho llegó un punto que empecé a escribir y quise tomarlo serio, pero no quede muy satisfecha con un final así que renuncié a lo que sería escribir. En ese momento llegué a publicar en la plataforma de Wattpad, pero lo dejé. Volví a retomar la escritura a mis 15 años, de allí salió mi primer libro, el cuál publique con solo 16 años. En el mismo hay capítulos los cuales escribí teniendo 12 años (pues encontré una libreta vieja en donde habían dos o tres y dije "debo ponerlos").

Actualmente tengo varios proyectos (libros) en proceso pero, les puedo decir que soy autora de "Un pedacito", "Tú", "50/50", "50/50 personal", "Apocalipsis", "365", "Para ti", "56 días antes de dormir" y "Pensamientos perdidos". Puedo decir que tengo más de 20 libros escritos y para mi todos son un palo. Con mis escritos y libros he llegado a varios países como República Dominicana, Estados Unidos, México, Nicaragua, España, Colombia, Venezuela, Reino Unido y todo Puerto Rico. Me siento súper agradecida con todo el amor y apoyo que he recibido de tantas personas.

Volviendo a mi, actualmente estudio y trabajo. Siempre que digo esto me siento como un payaso, estudio mercadeo. Sé que para muchos es una carrera básica, pero realmente se me da bien y me gusta aunque mi cabeza me pide a gritos que estudie literatura y cinematografía. Digo que me siento como un payaso porque es que la estudie en escuela superior y me gusto de tal manera que la quise comenzar a estudiar en universidad. A veces dudo de si es para mi, siento que se queda un poco corta es raro, pero si me pasa. Igual mi cabeza siempre está buscando como mejorar las cosas, la comida, los productos, absolutamente todo, siento que nací con eso, que no necesito estudiarlo. Como pueden leer soy súper cabezota y aquí ando estudiándolo.

Trabajo en un supermercado (SuperMax) y en una tienda de zapatos (Journeys kidz).

Considero que para lo que estoy estudiando ambos trabajos son un palo, ya que tengo el poder de ver a diario lo que llega al mercado y no solo lo veo vía redes sociales. En cuanto a mis trabajos puedo decir que me gustan muchísimo, no me pregunten por qué solo puedo decir que me gusta lo que hago.

Soy pésima bailando, dibujando, pintando. En los deportes soy peor, pero sé nadar, practicaba Taekwondo, boxeo y hubo un punto de mi vida que practiqué Tai Chi, creo que esos son los únicos deportes que se me han dado bien. En mi tiempo libre suelo leer, ver las redes, escribir, escuchar música, ver películas o series y claro de vez en cuando se me antoja hacer ejercicio o comida.

Tengo mis metas muy claras, soy una chica muy libre, no saben lo mucho que amo ser yo siempre. Soy súper difícil, tengo una actitud de mierda. Sé que soy inteligente, pero cada vez que siento que llego a mi punto más alto vuelvo a ser igual de ignorante pues la inteligencia es un proceso cíclico cuando te pasas de listo vuelves a ser tonto. Me gustan las matemáticas, realmente amo los números.

El resto de mi creo que me gustaría que lo vieran con sus propios ojos o lo vivieran conmigo. Me gustaría que según pasara el tiempo ustedes vieran mi crecimiento y mi cambio.

Sección de preguntas

¿Qué te inspiró a escribir?

Creo no tener una respuesta adecuada para esto, solo escribo porque me nace, me inspiro de cualquier cosa. Lo digo en serio tú solo dame un tema, una palabra o algo y te haré un escrito o un libro.

¿Cómo supiste que escribir era para ti?

No lo supe, no lo planee, de hecho creo que sigo investigando si es para mi. No dudo de si soy buena o no, sé que tengo talento. De alguna forma siento que no lo utilizo bien o mejor dicho no le dedico el tiempo que debería. Escribir me es muy fácil, me sale natural, amo y disfruto hacerlo, pero siendo honesta conmigo no le dedico el tiempo, ni la atención que debería dedicarle. Y bueno de nada sirve tener el talento si no lo estoy aprovechando, ni sacando el máximo.

¿Cuál fue tu primer libro?

Mi primer libro publicado fue “Un pedacito”, eso lo sabe el mundo PERO jaja si, siempre hay un “pero” el que es mi primer libro escrito es una historia, se titulaba “Un gran cambio”. ¿Qué pasó con el? Luego de haberlo terminado no quede muy satisfecha con él final, así que lo tiré y deje de escribir por varios años. Lo podría escribir de nuevo, claro lo que uno escribe no se olvida, sin embargo no sería lo mismo.

¿Cuál fue tu primer libro/escrito no publicado?

El libro entiendo que fue “Un gran cambio” y el escrito honestamente se los debo porque es de cuando era muy pequeña y sé que no lo tengo conmigo.

¿Cómo fue tu evolución?

Siendo honesta considero que todavía estoy en ella. Digo desde que comencé a escribir de nuevo hasta el día de hoy han pasado unos 4 años, no he parado desde entonces, pero sé que hay más. Sé que hay un gran cambio que se aproxima, sé que vienen muchas cosas, sé que puedo seguir creciendo. Así que entiendo que todavía estoy en esa parte de mi vida. Si la pregunta es a los libros como tal, bueno hablaré de los que ya están próximos a salir o salieron para no sentir que les digo todo de un cantazo. En el primero junte todo, en el segundo hable del amor, en el tercero uní a las personas, el cuarto es autoconocimiento/autoayuda/diario, el quinto son pensamientos, el sexto son solo días, el séptimo es una agenda, el octavo es dedicado a alguien y exclusivo para esa persona, el noveno es de haikus y el décimo del fin del mundo. Y bueno no quiero seguir abundando simplemente cada uno ha sido diferente, muy diferente para mi entender. Es como que te escribo un libro de algo y ya el próximo es una idea totalmente diferente y así. He cambiado de solo escribir de la vida a escribir de todo porque he encontrado todo para escribir, todo me ha parecido interesante y todo me gusta, me divierte y me llena.

¿Quien te dio ese pequeño empujón a soltar tu primer libro?

Creo que la gente, digo tengo que destacar que comencé a escribir gracias a Derek Jomuel, pero lo de sacar un libro fue por la gente. Publicaba escritos cada cierto tiempo y siempre habían compartidos que decían "necesito un libro de los escritos de Alondra" o incluso estados, así que podría decir que ese fue el pequeño empujón. También el hecho de que nunca he tenido el miedo de expresarme y mostrarle al mundo quien soy, eso creo que fue lo que hizo que publicara con toda la confianza del mundo.

¿A qué quieres llegar con los libros?

Me gustaría llegar lejos, no sé cómo decirlo, he pensado que me gustaría vivir de ello, pero me mantengo en la realidad así que estudio y trabajo. Mi meta clave es escribir una historia verídica y plasmarla en pantalla, ya tengo la historia que quiero solo necesito estudiar cinematografía porque por alguna razón quiero escribirla y hacerla yo. Yes, es algo que es importante para mi y también es muy especial.

¿Tu meta con los libros es seguir o tienes un límite?

Siendo honesta mi meta es seguir, no me he puesto un límite y espero nunca ponérmelo.

¿La persona que te motivo fue de buena manera o mala manera?

Me motivaron muchas personas, siempre menciono a Derek porque él fue el gran empujón, pero esta vez les dire varios nombres. El profesor Guzmán que me sacaba tantas canas y de vez en cuando lo detestaba al 100%, hice un poema con el, me dijo que era bueno, un año después le llevé un escrito, me dijo que era excelente, un poco fuerte para su gusto y le faltan dos o tres puntuaciones, pero era bueno. Ese creo que fue otro gran empujón para mi, aunque la verdad es que nunca más le lleve uno. La madre de mi gran consejero y amigo Luis, siempre me dijo que yo era bien fajona, que todo lo que quería era posible porque siempre luchaba por él y es cierto, tengo esa hambre y esas ganas de crecer, de comerme el mundo y de luchar por todo lo que otros/as no han luchado. El gran apoyo de amigos, conocidos y extraños porque dicen que soy un palo o que le meto a los escritos. Las mil y un personas que me han dicho que el mercadeo me queda corto, que es muy común, que es básico, que es poco para mi y yo solo lo veo como un reto y una oportunidad. Los que me dicen que escribir es fácil o es cuesta arriba, créanme sé que es fácil para todo aquel que tiene talento y sé que es cuesta arriba, pero nada es imposible. Las personas que conozco y pasan por mi vida también han sido parte de mi inspiración. La vida sobre todo, me ha enseñado a vivirla, a escribirla, a sentirla y sobre todo a valorarla. La fuerza de escribir eso creo que se lo debo agradecer a Dios, me dio un talento excelente. Considero que no me debo quejar para nada aunque siempre digo que me gustaría dibujar para demostrar mi arte en su máxima expresión. Aleisha y Yareliz porque creo que han sido las únicas dos personas que me han apoyado en absolutamente TODO.

¿Te sientes satisfecha con lo que has logrado?

Me siento satisfecha en cierto punto, estoy contenta con mi trabajo, pero no quiero parar aquí, quiero más.

¿Te arrepientes de haber soltado algún libro?

Para nada, amo haber soltado todos y cada uno. Aunque siendo honesta luego de hacer público "UN PEDACITO" me sentí vulnerable un tiempo, ya luego se me pasó creo que fue el hecho de que me abrí al mundo.

¿Cuál fue el libro que te impactó?

Si es referente a los míos debo decir que Un pedacito y 50/50 me impactaron bastante. Si es de algún otro autor puedo decir que “Buscando a Alaska” y “La historia de un canalla”.

¿Cuál es tu libro favorito?

De los míos creo que es “Un pedacito” y “Volumen 2” que no ha salido. Díje creo porque me es un poco difícil decidir. Aparte de esos dos el de Julia Navarro “La Historia de un Canalla” y el de Kamil Nahir “Enséñame la esencia de tu arte”.

¿Quien es tu escritor favorito? Puedes escoger más de uno.

Tengo varios y me parece excelente idea que pueda escoger más de uno (jaja). Julia Navarro, John Green, Nicholas Sparks, Kamil Nahir, Edgar Allan Poe, Rita. Todos son súper diferentes entre ellos, pero soy su fan, me encantan demasiado.

¿Qué te aporta la escritura?

Libertad, siento que me deja ser yo misma al 100%. A su vez una paz inmensa y unas ganas de decir todo lo que sé y de aprender lo que no sé.

¿De dónde te salen las ideas?

Siendo honesta de todos lados, de un libro, de un pensamiento, de una persona, de algo que ví, de TODOS lados me salen ideas.

¿Qué consejo le darías a alguien que está empezando o a alguien que quiera ser escritor?

Empatía, cada persona que me pregunta o me pide un consejo para escribir siempre le digo "ten empatía" pues para mi lo es todo, atrapa todo y a todos.

Lee, lee mucho, un escritor hace su base leyendo a otros escritores, lee de todo y a todos.

Aprovecha la vida pues es la mejor inspiración.

Disfruta el hecho del arte de las palabras.

¿Tus escritos son verídicos o ficticios?

Haré una confesión aquí (jajajaja), tengo escritos verídicos que parecen ficticios y escritos ficticios que parecen verídicos. Si pensaban que escribía cosas reales sí así es, pero también escribo mucho gracias a mi imaginación.

¿Te inspiras en lo que te pasa o en lo que te cuentan otros?

Otra confesión no siempre es lo que me pasa mi o lo que me cuentan, también es en como veo a la gente y al mundo. Si a lo que te refieres es si hay algún escrito en el que cuento un momento de la vida de alguien sí, así es. Al igual hay un punto donde hablo de mi.

¿Cómo haces para tomar el tiempo de escribir?

Wow tres confesiones corridas, así no se puede. La verdad es que rara la vez saco tiempo, solo el día que me llega la inspiración comienzo a escribir y ya. Aunque si me sobra tiempo en el día también lo hago, pero no es como que saco el tiempo, es más bien cuando me sobra (sé que está súper mal pero de alguna forma todavía no lo he puesto como 100% prioridad).

¿Cuánto tiempo te toma escribir un libro?

Siendo honesta no lo sé, he escrito libros en un día o dos y he escrito libros en un año. Es más el deseo que tenga de terminarlo o lo largo que sea, también influye mucho el tema.

¿Escuchas música cuando escribes? De ser así, ¿qué tipo de música escuchas?

Suelo escribir en silencio, pero cuando escribo con música es a todo volumen y ya solo me pierdo en mis pensamientos. No tengo preferencia en cuanto a la música, escucho cualquiera.

¿Cuándo escribes lo haces cuando sientes que tienes que hacerlo por alguna emoción?

A veces sí, he hecho escritos usando la empatía y pensando que estoy triste para que me quede mejor, no suelo mezclar mis emociones con el trabajo aunque sí lo veo de alguna manera mezclar las emociones y la vida le da vida a todo lo que escribes. La verdad es que escribo en cualquier momento esté pasando por alguna emoción o no.

¿Te has enamorado alguna vez?

Por algún motivo sabía que esta pregunta vendría siendo sincera si he querido mucho, pero creo que no me he enamorado, es sencillo he superado a personas en dos días. Además si comparo lo que yo he tenido a lo que tienen mis padres puedo decir con certeza que no, sé que los amores no se comparan, pero es solo un ejemplo.

¿Te han roto el corazón?

Imagino que esta pregunta es base a mis escritos y la respuesta es no. Si me he hecho bolita, pero ha sido por mi misma no por alguna relación. Por cierto no todo lo que escribo es porque me pasa.

¿Qué crees que debes mejorar de tus libros?

El hecho de que no tienen ninguna información mía, siento que deberían tener una biografía, una imagen, algo para que me conocieran.

¿Con qué personas quisieras colaborar para un libro?

Es curioso que preguntes mi primer libro iba a ser una colaboración con Derek, pero lo dejamos. El libro iba a estar súper duro, incluí un capítulo en mi libro Un pedacito, se titula "dos extraños". Hasta el sol de hoy sigue siendo uno de mis escritos favoritos. Ojo con esto: cuando llegas a esa parte del libro sales y entras a un libro aparte. Aparte de con Derek o mejor dicho empezar aquel otra vez. Me encantaría escribir un libro con Kamil Nahir, wow no saben la admiración que le tengo, es genial. Amo como escribe de una manera que es irreal.

¿Qué quieres para tu vida?

Uno puede querer muchísimas cosas porque es que las quiero, pero me conformo con la libertad. Digo ya la tengo, pero quiero siempre tenerla. No quiero dejar de ser yo misma por alguien o tener que cohibirme.

¿Qué buscas?

Aparte de mi libertad siempre, un futuro estable y poder trabajar en lo que me gusta. Solo pido eso. Claro acompañado de aprender todo lo que pueda.

¿Crees que mereces lo que deseas?

Lo creo y de no merecerlo no importa, yo trabajaré por ello.

¿Qué te gustaría experimentar en el mundo de la literatura?

Definitivamente escribir un libro con alguien. Aunque también me gustaría abrirme paso en una historia de terror o comedia.

Si pudieras empezar de 0 otra vez ¿qué estudiarías y a qué te dedicarías?

Estudiaría cinematografía, digo cuando termine el bachillerato de mercadeo lo haré, pero si me hubiera ido de una por cinematografía y luego mercadeo. Me dedicaría al cine y claramente a escribir.

¿Qué sientes cuando escribes?

Es como leer, sientes miles de emociones, a veces lloras, a veces ríes. A veces siento todo a la vez y a veces nada. Luego de un buen escrito siempre me siento satisfecha, a veces triste o feliz, pero siempre satisfecha. Si es en general siento libertad, por eso me gusta escribir. Puedo escribir de cualquier cosa y no hay problema, ni hay tabú porque es solo un papel y yo.

¿Porqué te vino a la mente escribir?

La realidad es que no fue algo como que buscado, eso vino a mi. Siempre he escrito aunque sea solo para mi, de que he decidido compartirlo con el mundo, claro lo hice a los 15, pero realmente eso nació solo.

¿Escribes sobria o borracha?

Jaja me gusta esta pregunta, escribo de ambas formas. Si han escuchado a Residente quiero que sepan que cuando dice "escribo bien sobrio, pero escribo mejor borracho" es real yo escribo bien sobria, pero cuando lo hago borracha pego de una. Aunque siendo honesta más que escribir prefiero editar, me concentro más.

¿Cómo escribes? Quiero saber de qué forma.

Escribo en papel, computadora y en el celular. Utilizó más papeles y el celular. Cuando es papel me gusta hacerlo sentada en una mesa o escritorio, aunque lo he hecho acostada en la cama. Cuando es con el celular definitivamente acostaba boca abajo aunque lo he hecho acostada normal o sentada. En la computadora usualmente me gusta sentada en la cama. A veces escribo borracha JAJAJA, pero siendo honesta me gusta más editar borracha, presto más atención.

¿Te han reconocido en algún lugar por tus libros?

Sí, en mis dos trabajos me han reconocido al igual que en algunas salidas, de hecho hasta en librerías. Honestamente me emociono muchísimo cuando me dicen "eres Alondra la de los libros" o "¿Tú eres Alondra la que escribe?" o "Me encanta como escribes". Realmente es una sensación súper linda, saber que me conocen por mi arte.

¿Aparte de todos los libros que tienes deseas escribir más?

Sí, espero nunca parar de escribir, actualmente tengo unos 23 libros escritos/proceso y realmente quiero más.

¿Por qué escribiste un libro del fin del mundo? O sea te dedicabas a escribir sobre la vida, el amor, la gente, entre otros...

No tengo respuesta para ello. Solo quise hacerlo, me salió la idea, ví una oportunidad y la tomé. Además de que siento que soy versátil y lo encontré como un experimento más de las mil cosas que quiero hacer.

¿Deseas añadir más libros de forma digital?

Aunque actualmente tengo disponible de manera digital "Un pedacito" y Apocalipsis me gustaría añadir otros. 50/50 sería uno de los que me gustaría poder presentar de manera digitalizada. Siendo honesta al principio no quería escribir libros digitales porque a mí me gustan más los libros físicos, pero estoy consciente de que debo moverme un poco más a los digitales.

¿Tus libros tienen algo en común?

La escritora JAJAJA, realmente podría contestar con un si o un no. En alguno que otro cito de manera indirecta a alguna parte de otro libro, pero no pasa en todos. No es como que todos tienen algo que ver, para nada.

¿Quienes hacen las portadas de tus libros?

Anda tengo varias personas, pero iré por libros. La portada de "Un pedacito" la hice yo, porque según yo "Un pedacito" es un pedazo del mundo. La portada de "Tú" la saqué de Pinterest como la mayoría de los dibujos que dibujé para el mismo, una disculpa por mis dibujos es la primera vez que dibujé, estoy consciente de que son horribles. La portada de "50/50" la hizo Mayra Daniela Lopez Rey una bella mexicana. La de "50/50 personal" la hizo mi querida amiga Dali. "Apocalipsis" la hizo Amin un diseñador gráfico de República Dominicana. "Para ti" fue hecha por Irae de

España. La portada de "Mary Bloom" fue hecha por Laura una colombiana súper dulce y Eunjin Díaz me hizo el dibujo final y es de Venezuela. "Volumen 2" la hizo mi bello Jan. "56 días antes de dormir" fue hecha por mi. Mi querido Jayrold que nunca tiene un "no" para mi fue el que hizo las portadas de "365" y "Pensamientos perdidos".

¿Puedes hablarnos de ti?

Bueno pues, soy Alondra, tengo 18 años, soy estudiante, escritora y empleada. Amo leer, escribir, dormir, escuchar música, aprender y los números. Soy un alma libre, revolucionaria, fajona, feminista, soy difícil, tengo una actitud de mierda. No aguanto ni una para ser honesta. Me considero una persona rara, única, diferente o como le quieran llamar... Estoy enamorada del cielo, el mar y el arte.Vivo con mi mente en la frase "Le monde croit en qui croit en soi" que significa "El mundo cree en quien cree en si mismo" y a su vez con un "Suéñalo, créelo y lógralo". Por hoy eso es todo, un abrazo chicos y gracias. <3

Me quiero despedir en este libro diciéndoles que en algún punto nunca pensé llegar a donde estoy hoy. A todos mis chicos que están comenzando con la escritura, música, arte o cualquier otra actividad, NO renuncien a ellas, sigan, luchen por sus sueños. NO los dejen solo porque algo no les salió, claro sean realistas con ustedes mismos pero, sobre todo trabajen por lo que quieren y luchen hasta que sus sueños se vuelvan realidad. Bendiciones para todos y gracias por tomar de su tiempo para leerme siempre. Un beso y un abrazo desde la Perla del Sur de Puerto Rico (y la que debería ser la capital) PONCE. Buenas vibras chicos y sonríanle a la vida, que ella les devolverá una hermosa sonrisa.

Agradecimientos

Gracias a Yareliz por la idea. A mis padres porque gracias a ellos es que soy la persona que soy hoy día y porque les debo todo lo que sé. A Dios por darme el talento, la vida, las ganas de comerme el mundo y por mis metas. Sobre todo a la vida por dejarme vivirla.

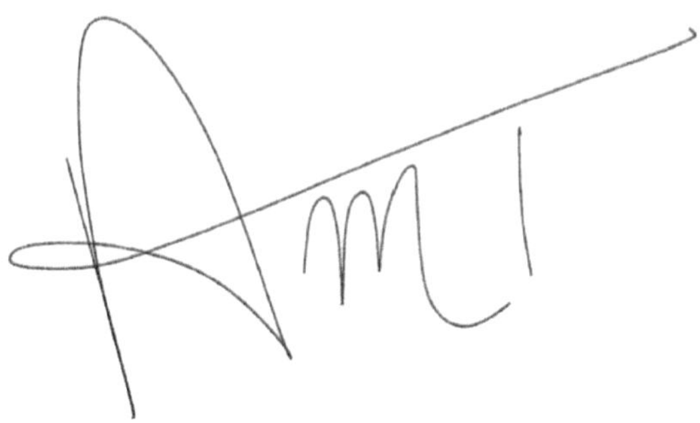

Alondra Maldonado

Si deseas comunicarte con Alondra le puedes escribir a través de:
ALONDRAMLIBROS@GMAIL.COM

Sigue a Alondra en todas sus redes:
@ammtpr

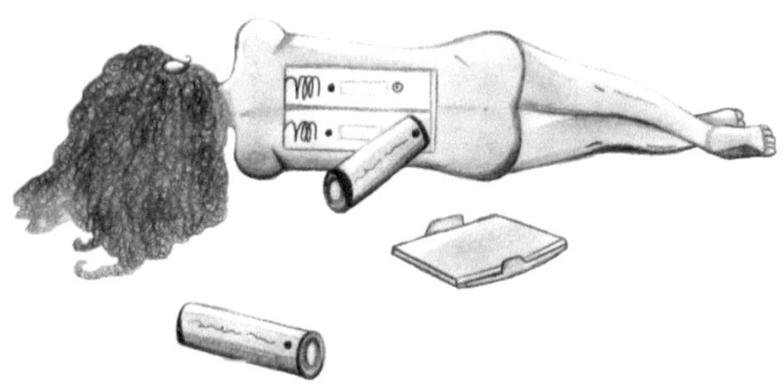

www.ingramcontent.com/pod-product-compliance
Ingram Content Group UK Ltd.
Pitfield, Milton Keynes, MK11 3LW, UK
UKHW041844190726
13854UKWH00002B/708